BOEKANALYSE

Het existentialisme is een humanisme
• • • • • • • • • • • • •

Jean-Paul Sartre

BOEKANALYSE

Geschreven door Vincent Guillaume
Vertaald door Nikki Claes

Het existentialisme is een humanisme

· ·

Jean-Paul Sartre

JEAN-PAUL SARTRE

FRANS SCHRIJVER EN INTELLECTUEEL

- **Geboren in Parijs in 1905.**
- **Overleden in Parijs in 1980.**
- **Opmerkelijke werken:**
  - *Nausea* (1938), roman
  - *No Exit* (1944), toneelstuk
  - *The Words* (1964), autobiografie

Jean-Paul Sartre was een Franse schrijver en filosoof. Hij werd in 1905 in Parijs geboren en stierf in 1980. Gevierd en tegelijkertijd verworpen om zijn existentialistische denken, is hij de auteur van verschillende essays, zoals *Being and Nothingness* (1943) en *Existentialism and Humanism* (1946). Hij schreef ook verscheidene literaire teksten waarin zijn filosofie en zijn definitie van literatuur sterk aanwezig zijn, waaronder *Nausea,* een roman die *in 1938* verscheen, *The Flies, een toneelstuk dat voor het eerst verscheen in 1943, en No Exit*, gepubliceerd in 1944.

In 1964 sloeg hij de Nobelprijs voor Literatuur af en publiceerde hij *De Woorden*, een autobiografisch verhaal over zijn jeugd. Ook bekend als de partner van Simone de Beauvoir (Franse schrijfster, 1908-1986), maakte Sartre zowel met zijn geschriften als met zijn extreem-linkse politieke opvattingen een sterke indruk op zijn publiek.

HET EXISTENTIALISME IS EEN HUMANISME

INZICHT IN HET EXISTENTIALISME VAN SARTRE

- **Genre**: filosofisch essay

- **Referentie-uitgave**: Sartre, J.P. (1948) *Het existentialisme is een humanisme*. Trans. Mairet, P. Londen: Meuthen & Co. Ltd.

- **1e editie**: 1946

- **Thema's:** filosofie, vrijheid, verantwoordelijkheid, engagement, atheïsme

Het existentialisme is een humanisme (1946, eerste uitgave in het Engels in 1948) is de herbewerking, met kleine bewerkingen van Sartre, van een lezing die hij in 1945 hield in de Club Maintenant, die was opgericht na de bevrijding van Frankrijk. De lezing was uiterst succesvol, wat boekdelen spreekt over Sartres roem, hoewel die roem vaak gepaard ging met een slecht begrip van de filosoof zelf. Dit is een van de redenen waarom Sartre besloot deze toespraak te houden.

Hierin legt Sartre uit wat zijn filosofie werkelijk inhoudt, reageert hij op de kritiek die tegen hem werd geuit, stelt hij de mens voor in de volle omvang van zijn vrijheid en verantwoordelijkheid en bewijst hij dat het existentialisme, verre van pessimistisch te zijn, actie en engagement voorstaat.

SAMENVATTING

BESTAAN GAAT VOORAF AAN ESSENTIE

Sartre beschrijft de belangrijkste kritiek op het existentialisme:

- Communisten zien het als een burgerlijke filosofie van onrealistische acties;

- Katholieken zien het als een pessimistische filosofie die het belang van menselijke inspanningen ontkent en tegelijkertijd de goddelijke waarden uitschakelt.

Iedereen beschuldigt het existentialisme ervan de menselijke solidariteit te veronachtzamen door een subjectiviteit die het individu isoleert. Over het algemeen vinden mensen het existentialisme triest en lelijk, ook al lijkt de "wijsheid van het volk" (p. 24) Sartre net zo deprimerend.

Volgens het atheïstisch existentialisme gaat het bestaan vooraf aan de essentie. Vóór Sartre hadden filosofen het idee dat de mens bepaald wordt door de menselijke natuur, zoals een vervaardigd voorwerp waarvan de essentie voorafgaat aan het bestaan (het gebruik ervan, de productiemethode en al het andere dat het definieert, komt vóór en bepaalt de vervaardiging ervan). Maar voor Sartre "rijst de mens [...] op in de wereld – en definieert hij zichzelf daarna" (p. 28): er is dus geen menselijke natuur, en de mens wordt wat hij van zichzelf maakt, of zelfs wat hij wil dat hij is.

De mens wordt als een project. Hij is verantwoordelijk voor zichzelf, en het existentialisme wil hem daarvan bewust maken. Deze filosofie komt voort uit een dubbele subjectiviteit, zowel individueel als persoonlijk. Door individueel te kiezen en te handelen met de bedoeling te worden wat we willen zijn, maken we van onszelf een project dat waardevol is voor iedereen, omdat wat wij als de juiste keuze voor onszelf beschouwen, het beeld weerspiegelt van de mens zoals wij denken dat hij zou moeten zijn. Het besef van een dergelijke verantwoordelijkheid voor zichzelf en anderen, wanneer de mens een keuze moet maken zonder te weten aan welke waarden hij moet vasthouden, kan angst veroorzaken.

DE VRAAG NAAR KEUZE

Geconfronteerd met het onbestaan van God blijft de mens achter in een toestand van verlatenheid (een existentialistische notie die hand in hand gaat met angst), het is zijn taak zijn eigen conclusies te trekken: wat goed is, staat nergens meer geschreven en is theoretisch niet meer te bepalen. De keuze wordt dus aan de mens zelf gegeven, die "veroordeeld is om vrij te zijn" (p. 34): hij is volledig verantwoordelijk voor zowel zijn passies als zijn interpretatie van de wereld. Sartre geeft het voorbeeld van een student die verscheurd wordt tussen twee keuzes: aan de zijde van zijn moeder blijven of haar aan haar wanhoop overlaten en zich aansluiten bij het verzet om zijn broer te wreken en zijn land te helpen. Bij zo'n onmogelijke beslissing moet de mens kiezen tussen twee soorten moraal:

• Onmiddellijke, individuele hulp;

- Actie op grotere schaal, die dubbelzinniger is (wie kan voorspellen of hij een belangrijke of onbeduidende rol zal spelen?).

Geen enkele vaste doctrine kan dit dilemma oplossen. Kiezen op basis van wat goed voelt is ook een illusie, want besluiten dat je uiteindelijk meer waarde hecht aan je moeder dan aan je land kan alleen worden bewezen door daadwerkelijk bij haar te blijven, en niet alleen door je dat voor te stellen. Evenzo hebben we bij het kiezen van iemand om ons adviseren al besloten welk antwoord we willen horen.

Om te handelen moet de mens rekening houden met de waarschijnlijkheden die rechtstreeks betrekking hebben op zijn actie en deze mogelijk maken. Marxist worden zou inhouden dat men rekent op een goed verenigde partij en op kameraden die tot het einde toe zullen strijden, maar dat zou wel eens niet het geval kunnen zijn omdat die andere marxisten ook vrij zijn. De kans dat een internationale partij al dan niet verenigd is, mag echter niet in aanmerking worden genomen, want die hangt niet af van de wil van degene die zich bij die partij aansluit.

Bijgevolg moet de mens handelen zonder hoop en zonder zichzelf voor de gek te houden, maar moet hij ook niet opgeven en alles in het werk stellen om te slagen: het existentialisme is een morele code van engagement. De kritiek op het quietisme (het verkiezen van contemplatie boven actie) is dus ongegrond: integendeel, het existentialisme is van mening dat de mens alleen bestaat door zijn actie: zonder dat is hij niets. Het opgeven van zijn dromen proberen te rechtvaardigen door te denken dat hij de mogelijkheden zou hebben gehad om ze te verwezenlijken, als de omstandighe-den er niet waren geweest, is niet toegestaan. De personages in Sartres romans ontzetten de lezer omdat ze niet alleen worden voorgesteld als laf of slecht, maar met hun daden en hun keuzes laten zien dat ze dat ook zijn. "Wat mensen het liefst zouden willen is geboren worden als lafaard of als held" (p. 43): deze deterministische manier van denken is gerust-stellend, omdat het impliceert dat als je een lafaard bent, je daar niets aan kunt doen.

Als er geen menselijke natuur bestaat, heeft de mens toch een zekere universaliteit (in de wereld zijn, sterfelijk zijn, vrij zijn, enz.) die zijn toestand wordt genoemd, die hem zowel objectief – want universeel – als subjectief definieert, want deze universaliteit is niets als hij er niet in relatie mee kan worden gedefinieerd. En het is in deze situatie, dat wil zeggen in een specifieke sociaal-historische context, dat de mens gedefinieerd wordt in relatie tot de universaliteit van de men-selijke conditie. Hij doet dit in een veelheid van individuele projecten, die hem echter nooit volledig vreemd zijn omdat ze altijd gebaseerd zijn op dezelfde universele menselijke eigenschappen, waaronder de vrijheid (die de mens in staat stelt zichzelf te definiëren door middel van zijn keuzes). Kiezen is een absoluut gegeven, een element van de mense-lijke conditie, en elke daaropvolgende handeling zal begrij-pelijk zijn voor wie dan ook in welke tijd dan ook, zonder dat zijn relativiteit verliest als gevolg van de concrete situatie waarin hij is gemaakt.

De kritiek op het existentialisme betreffende zijn veronder-steld subjectivisme ("Dan doet het er niet toe wat je doet", p. 47) is ongegrond, want de keuze is een onvermijdelijk absoluut gegeven: tegenover een situatie is kiezen om niet te kiezen geen optie, maar een illusie. Anderzijds, ook al hebben we geen waardeschaal waarnaar we kunnen verwijzen, is kiezen geen gratuite actie of een gril, omdat het in het moment gebeurt en de hele mensheid erbij betrokken is.

ANDEREN, DE VOORWAARDE VAN ONS BESTAAN

Het existentialisme maakt van Descartes' (Franse filosoof, wis- en natuurkundige, 1596-1650) cogito "Ik denk, dus ik ben" de enige absolute waarheid: het bewustzijn vindt zichzelf en kan zien dat het bestaat door het feit zelf dat het denkt. In het existentialisme kennen we echter niet alleen onszelf via het cogito, maar ontdekken we ook anderen: "we zijn net zo zeker van de ander als van onszelf" (p. 45). Bovendien is de ander de voorwaarde van ons bestaan, in die zin dat we alleen gedefinieerd kunnen worden (bijvoorbeeld als gemeen, spiritueel enzovoort) in relatie tot anderen ons zien. Door de ander te erkennen als "een vrijheid die tegenover de mijne staat en niet kan denken zonder tegen of voor mij te zijn" (p. 45), ontdekken we inter-subjectiviteit, een wereld waarin mensen elkaar definiëren.

Een van de punten van kritiek op het existentialisme is "Je bent niet in staat over anderen te oordelen" (p. 50). Als de mens zijn plan duidelijk en oprecht kiest, valt er inderdaad niets te bekritiseren. Maar we kunnen wel oordelen dat keuzes gebaseerd zijn op waarheid en samenhang, en andere op kwade trouw, zoals het weigeren van vrijheid of het zich verschuilen achter determinisme. Bovendien is vrijheid de uiteindelijke betekenis van daden van goede trouw, en deze vrijheid als doel (en niet als element van de menselijke conditie) hangt af van vrijheid voor allen: als je je eigen vrijheid tot doel maakt, kun je niet anders dan ook de vrijheid van iedereen tot doel maken. Met betrekking tot authenticiteit kunnen we dus oordelen over degenen die deze vrijheid weigeren. Sartre noemt degenen die deterministische uitvluchten bedenken lafaards, en degenen die beweren dat het menselijk bestaan noodzakelijk was (met andere woorden, degenen die het als een recht en niet als een toeval beschouwen, en daarom hun posities en privileges als definitief beschouwen) uitschot.

Een laatste kritiek stelt dat "uw waarden niet serieus zijn, omdat u ze zelf kiest" (p. 54). Sartre antwoordt dat als je God eenmaal hebt geëlimineerd, er geen andere oplossing is. Theoretisch heeft het leven geen zin: het is de mens die het zin geeft door het te leven. Menselijke gemeenschap is dus mogelijk, wat Sartre ertoe brengt te spreken over twee vormen van humanisme: de klassieke vorm, die hij in zijn geschriften heeft bekritiseerd, verheerlijkt de mensheid als een doel en een hogere waarde: het existentialistisch humanisme onttrekt de mens aan het oordeel over zichzelf, beschouwt hem niet als een voltooid artikel omdat hij altijd een werk in uitvoering is. Het ziet de mens als bestaand door te proberen transcendente doelen te bereiken, door niet na te jagen wat hij is maar wat hij kan worden, terwijl hij op het menselijke vlak van zijn eigen subjectiviteit blijft. Het is een humanisme omdat de mens wordt beschouwd als de enige maker van wetten, die vervulling vindt in het zoeken naar doelen die buiten hem liggen.

CONTEXT

TEGENGAAN VAN EEN CONTROVERSIËLE ROEM

Toen Sartre zijn lezing *Het existentialisme is een humanisme* hield, was hij al zeer bekend door literaire werken als *Nausea* de eerste twee delen van *De wegen naar de vrijheid* (*The Age of Reason* en *The Reprieve, 1945, voor het eerst in het Engels verschenen in 1947*), die hij net had uitgebracht. Zijn literatuur, die een meer toegankelijke blik in zijn geest biedt, is een parallelle ontwikkeling van de filosofie die hij sinds de jaren dertig had ontwikkeld en die culmineerde in *Being and Nothingness* (1943). Deze complexe filosofische tekst droeg bij tot de bevestiging van Sartres beroemdheid, ten koste van een slecht begrip van zijn werk.

Men schatte het existentialisme verkeerd in en verbond het met lelijkheid en cynisme, vergelijkbaar met de literaire personages van Sartre, die laf en beangstigend helderziend zijn. De pers gebruikte de meest schokkende delen van Sartre's geschriften volledig uit hun verband. Intellectuelen bestempelden hem, zonder zelfs maar te proberen hem te begrijpen, simpelweg als onmenselijk en amoreel en veroordeelden zijn filosofie van de vrijheid als een filosofie van de wanhoop:

- Marxisten beschuldigden hem van stilzwijgen en van een subjectiviteit die niet in staat was verder te kijken dan zichzelf om de wereld te begrijpen.

- Katholieken beschuldigden hem ervan morele waarden te elimineren die al sinds mensenheugenis bestaan, in naam van vrijheid. Ze geloofden ook dat hij alles wat de mensheid had bereikt in twijfel trok met zijn gevaarlijke relativisme.

Sartre was dus een schandaalschrijver, ook al bleven de meningen verdeeld. Zijn werk vond inderdaad aanhangers en werd geprezen om zijn literaire waarde. Het werd ook enthousiast ontvangen door een jong publiek, precies de mensen die Sartre ervan beschuldigd werd te willen corrumperen.

Het lijkt daarom vanzelfsprekend dat Sartre zou proberen de zaken recht te zetten door te reageren op zijn critici. Daarmee rechtvaardigde hij zijn existentialisme en garandeerde het een plaats in het toenmalige intellectuele landschap. Dit was ook niet zijn eerste stap op die weg: hij had zich al in december 1944 in het communistische weekblad *Action* verklaard en had net het tijdschrift *Les Temps Modernes* (*Moderne Tijden*) opgericht, waarvan eerste nummer in oktober 1945 verscheen om ervoor te zorgen dat het zijn doctrine op de voet volgde. In het algemeen wilde Sartre zich in de richting van de ideeën van links bewegen en aan de zijde van de communisten strijden voor de gemeenschap, zonder ideologische concessies te doen.

DE FILOSOFIE VAN HET BESTAAN

De nieuwigheid van deze lezing ligt in het feit dat ze de existentialistische filosofie vastlegt als een duidelijk omschreven doctrine. Dit kwam echter nogal onverwacht, aangezien Sartre eerder de fenomenologie van Edmund Husserl (Duits filosoof en logicus, 1859-1938) en Martin Heidegger (Duits filosoof, 1889-1976) had gesteund.

Een van de doelen van zijn korte toespraak was om zijn atheïstisch existentialisme te onderscheiden van het christelijk existentialisme dat vertegenwoordigd werd door denkers als Gabriel Marcel (Frans schrijver en filosoof, 1889-1973) en Karl Jaspers (Duits filosoof en psychiater, 1883-1969), want het existentialisme was voor het grote publiek Sartre. Sartre verwierp echter aanvankelijk de term 'existentialisme', die hem, naar zijn mening, was opgedrongen, en sprak liever over de filosofie van het bestaan. Maar hoe het ook genoemd werd, de gedachte die Sartre in de leer vastlegde had al een eigen traditie, met eigen invloeden die de schepper niet probeerde te verbergen.

- Met betrekking tot de analyse van onder meer de existentialistische angst liet Sartre zich sterk inspireren door **het werk van de Deense filosoof Søren Kierkegaard** (1813-1855), die hij in *Het existentialisme is een humanisme* ook in verband brengt met het christelijk existentialisme.

- Het existentialisme van Sartre heeft een **belangrijke fenomenologische basis** (fenomenologie is de studie van verschijnselen, van wat aan ons geweten verschijnt. Zij werd voor het eerst ontwikkeld door de Duitse filosoof Edmund Husserl aan het begin van de 20e eeuw). Geïnspireerd door Husserls theorie van de intentionaliteit, volgens welke een bewustzijn zich van iets bewust moet zijn (zonder welke het niets is), suggereert Sartre dat het bewuste wezen kan worden gedefinieerd als vrijheid. Bovendien verschilt het bewuste wezen onvermijdelijk van een niet-bewust wezen, dat wil zeggen van alle andere wezens, omdat het als enige een object nodig heeft om te bestaan (een boom daarentegen is een ding dat alleen zichzelf nodig heeft om te bestaan: het is niet de boom van iets). Immers, terwijl het in de wereld is, fixeert de wereld het bewustzijn niet als een ding: het is "in de wereld" maar niet "van de wereld", het is in een constante staat van wording.

• Sartre werd ook geïnspireerd door de **ontologie** (de filosofische studie van het zijn, zoals het is) van Martin Heidegger, een van Husserls volgelingen, wiens werk *Zijn en Tijd* (*Sein und Zeit*, 1927) van invloed was op *Zijn en Niets*. Voor Heidegger is de mens het *Dasein*, het enige wezen dat zijn bestaan in twijfel kan trekken. Hij correspondeert dus niet met zijn wezen, maar kan zich ertoe verhouden; dit fundamentele vermogen definieert zijn bestaan, dat op zijn beurt het *Dasein* definieert. Sartre gebruikt deze definitie en brengt haar, door haar tegenover de vaste, definitieve essentie te stellen, in verband met de vrijheid.

HET PROBLEEM VAN DE POPULARISERING

Om eventuele misverstanden uit de weg te ruimen en het vertekende beeld dat het publiek van het existentialisme had recht te zetten, probeerde Sartre het *Existentialisme en het Humanisme* te vereenvoudigen en te populariseren. Maar door zich alleen te richten op het essentiële, concentreerde hij zich mogelijk te veel op wat het publiek problematisch vond, ten koste van al het andere. Door zijn stellingen compacter en toegankelijker maken, en ze in te delen in een humanistische doctrine, is het mogelijk dat hij de diepgaande gedachte die aanwezig is in *Zijn en* Niets heeft verarmd.

Bovendien had Sartre al snel spijt van de publicatie van de hertaling van zijn lezing en erkende hij al in de discussie die er onmiddellijk op volgde dat popularisering zijn stellingen zou kunnen verzwakken. "Soms komen mensen die niet in staat zijn mijn stellingen volledig te begrijpen mij vragen stellen. Ik heb dan twee oplossingen: weigeren te antwoorden of de discussie aanvaarden in de wetenschap dat er een zekere popularisering zal zijn."

Hij rechtvaardigt zijn keuze door uit te leggen dat het afzwakken van een gedachte om deze begrijpelijk te maken, zoals "theorieën worden geïntroduceerd in de filosofieles", niet per se slecht is, en dat bovendien, als het existentialisme gezien wil worden als een filosofie van betrokkenheid, het boeken moet uitbrengen en bekend moet worden bij het publiek.

ANALYSE

VAN EXISTENTIALISME TOT HUMANISME

Voor Sartre komt het klassieke humanisme erop neer dat hij zegt: "De mens is prachtig! " (p. 54). Zichzelf als voorbeeld van volmaaktheid gebruiken op basis van bepaalde uitzonderlijke prestaties is absurd ("alleen de hond of het paard zou in staat zijn een algemeen oordeel over de mens uit te spreken", p. 55): een cultus maken van een bepaald idee van menselijkheid leidt alleen maar tot een humanisme dat "op zichzelf is gesloten" (*ibid*.).

Het is dit idee van humanisme dat Sartre verwerpt. Hij verwerpt dit idee van essentie en van menselijke natuur dat te vinden is in marxistische en humanismen, waar de mens respectievelijk wordt gedefinieerd in relatie tot zijn sociohistorische praktijk en in relatie tot zijn transcendente streven naar het goddelijke. Sartre had in *Being and Nothingness* erkend dat de mens weliswaar streeft naar een zekere vervulling, om een volmaakt wezen te worden, maar dat dit verlangen illusoir is. Aangezien de mens nooit volmaakt is, geeft dit verlangen hem dus een "nutteloze passie" en doet het hem lijden omdat hij voortdurend iets mist. Toch verwierp Sartre zelf later dit pessimistische perspectief.

Als gevangene in een stalag (een gevangenkamp tijdens de Tweede Wereldoorlog) in 1940 heeft Sartre de menselijke waardigheid en broederschap ervaren. Hoewel hij oorspronkelijk een koppige individualist was, begon hij zich op anderen te richten en belang toe te kennen aan intersubjectieve relaties. Als eerste bewijs van de nieuwe vragen die hij zich na deze bepalende ervaring begon te stellen, vormt *Het existentialisme is een humanisme* zonder twijfel een keerpunt in zijn intellectuele leven.

Voor Sartre kan de mens, die niet in staat is zijn vrijheid en zijn handelen op te geven, niet bestaan zonder zichzelf te vormen. In die zin is hij "de hele tijd buiten zichzelf" (p. 55) en zoekt hij naar transcendente doelen om voortdurend zichzelf te worden. Deze doelen liggen echter altijd binnen het menselijk begrip, in tegenstelling tot de goddelijke transcendentie zoals de christenen die zien, als iets dat de mens te boven gaat. Deze associatie van de subjectiviteit van het menselijk universum met een constituerende transcendentie is existentialistisch humanisme. Naar het voorbeeld van Heideggers ontologie kent het existentialisme de mens een unieke status toe. In tegenstelling tot het materialisme (dat met name deel uitmaakt van de marxistische leer) maakt het van de mens niet één object onder vele of "een geheel van vooraf bepaalde reacties" (p. 45), maar verleent het hem een speciaal soort waardigheid. De mens is een eeuwig project, hij laat zich niet vastzetten, reduceren of bepalen, hij is vrij: het existentialisme is dus een humanisme, omdat het mens zichzelf te laten zien en hem confronteert met zijn vrijheid en met wat hij werkelijk is.

HET OPTIMISME VAN HET ENGAGEMENT

Marxisten bekritiseerden het existentialisme omdat het een stilisme is en de mens verhindert te handelen, door hem voor te stellen als een door angst geplaagd wezen dat niet in staat te beslissen of hij de juiste keuze maakt en of deze tot resultaat zal leiden (wat lijkt te betekenen dat alle inzet nutteloos is). Hoewel het waar is dat uiteindelijk niets de mens kan helpen beslissen, weerlegt Sartre de beschuldigingen van de marxisten door te benadrukken dat actie noodzakelijk is, ook al lijkt de keuze moeilijk.

Voor hem maakt de keuze deel uit van de menselijke conditie, van dit deel van de universaliteit die wij allen delen. We kunnen niet kiezen: weigeren te kiezen is nog steeds een keuze, want dit impliceert onze aanvaarding van de huidige situatie. Vanaf de bevrijding presenteerde Sartre zich als een geëngageerd intellectueel, die de morele plicht van filosofen en schrijvers verkondigde om stelling te nemen tegen de gebeurtenissen van hun tijd.

 ## DE NOBELPRIJS AFWIJZEN

Op 22 oktober 1964 wees Sartre, op het hoogtepunt van zijn roem, de Nobelprijs voor de Literatuur af. Hij was de eerste persoon die een dergelijke eer ooit afwees. Sartre, die vóór de officiële uitreiking van de prijs kreeg van het voornemen van de Zweedse Academie, besloot op 14 oktober een brief te schrijven aan de secretaris van de Academie om kenbaar te maken dat "hij noch in 1964 noch in de toekomst Nobelprijswinnaar wenst te zijn en dat hij een dergelijke onderscheiding niet zal kunnen aanvaarden" (geciteerd in Pottier, 2015).

De beslissing was echter al genomen, en toen de academie haar keuze om de Nobelprijs aan de auteur van *Nausea te* geven bevestigde, veranderde Sartre niet van standpunt.

Hij wees op zijn "vrijheid" en bleef aan zijn principes als geëngageerd man: "Ik betreur ten zeerste dat deze affaire zo'n schandalige aanblik heeft gekregen: er werd een onderscheiding uitgereikt en iemand wees die af [...] Wat ik deed was niet iets wat ik ter plekke improviseerde. Ik heb altijd officiële onderscheidingen afgeslagen. [...] De schrijver moet dus weigeren zich in een instelling te laten veranderen, ook al gebeurt dat in de meest eervolle vorm, zoals hier het geval is" (geciteerd in Clermont, 2014).

Enkele jaren later legde hij de redenen voor zijn weigering uit aan een journalist: "Ik heb de Nobelprijs voor Literatuur afgewezen omdat ik niet wilde dat ik voor mijn dood gewijd zou worden. Geen kunstenaar, geen schrijver, geen mens verdient het om voor zijn dood ingewijd te worden, omdat hij [nog] de macht en de vrijheid heeft om alles te veranderen. De Nobelprijs zou mij op een voetstuk hebben geplaatst terwijl ik nog niet klaar was met dingen te verwezenlijken, mijn vrijheid uit te oefenen en te handelen, mijzelf te engageren. Elke actie zou daarna zinloos zijn geweest, omdat ze bij voorbaat al erkend zou zijn" (geciteerd in Lestienne, 1964).

In *Het existentialisme is een humanisme* laat Sartre zien dat het existentialisme er alles aan doet om de mens de noodzaak van handelen onder ogen te laten zien: de mens is slechts wat hij van zichzelf maakt, hij is niets meer dan zijn daden. Hij wordt niet gedefinieerd door wat hij had kunnen doen, door de dromen en ambities die hij niet heeft waargemaakt. Een niet gerealiseerd potentieel is verloren en betekent niets. Anderzijds, omdat hij de som is van wat hij heeft gedaan, kan één bepaalde daad hem nooit helemaal definiëren: één laffe daad op een dag begaan, ook al is die extreem, maakt hem nog geen lafaard. Ondanks het schijnbare pessimisme van het existentialisme is in werkelijkheid "geen enkele leer optimistischer" (p. 44). Dit optimisme voorkomt dat de mens zichzelf reduceert en klaagt over wat had kunnen zijn (of, zoals vaak gebeurt, gebruikt om zichzelf te kwader trouw te troosten).

Als de mens, die "veroordeeld is om vrij te zijn" (p. 34), niet gevormd wordt door zijn keuzes en zijn handelingen, dan kunnen deze al betekenis krijgen als uitgangspunt voor een systeem van moraal. Een existentialistische moraal is mogelijk omdat zij de vrijheid bevestigt en degenen die haar verwerpen (ook degenen die beweren dat zij haar door hun keuzes niet kunnen uitoefenen) veroordeelt:

- Aangezien de mens alleen staat tegenover de absolute vrijheid, heeft elke individuele keuze betrekking op de hele mensheid ("men moet zich altijd afvragen wat er zou gebeuren als iedereen zou doen wat men doet", blz. 30-31).

- Na de erkenning van de vrijheid als de grondlegger van alle waarden, zou een moreel oordeel zijn dat de vrijheid altijd een doel op zich moet zijn en vanwege het feit dat ieder mens volledige verantwoordelijkheid draagt (aangezien de vrijheid van ieder mens de vrijheid van allen impliceert), kan ieder mens van goede wil niet anders dan de vrijheid van anderen willen.

- Er zit dus een zekere universaliteit (met vrijheid als doel) in de existentialistische moraal, maar het moet een concrete moraal blijven, die zich van gevel tot aanpast. De Kantiaanse moraal, waar het streven naar vrijheid ook het streven naar de vrijheid van anderen inhoudt, beperkt zich tot de overweging dat een handeling het welzijn van allen moet dienen en universeel toepasbaar moet zijn om moreel te zijn. Omdat het zuiver formeel is, schiet het tekort in bepaalde concrete situaties zoals het dilemma van de student (zie "De eis van keuze"). Aangezien geen van de twee keuzes (zijn moeder opgeven als hij zijn land helpt of zijn land als hij zijn moeder helpt) universeel toepasbaar is, voldoet geen van beide aan de Kantiaanse moraal. De existentialistische moraal daarentegen schrijft voor dat elk geval afzonderlijk moet worden onderzocht: het gaat erom te zoeken naar "vrijheid, die met betrekking tot concrete omstandigheden geen ander doel en doel kan hebben dan zichzelf" (p. 51). Het is de taak van ieder mens om zijn eigen oplossing te creëren wanneer hij geconfronteerd wordt met een concreet moreel probleem.

De existentialistische visie op de mens geeft hem een absolute, onvermijdelijke vrijheid. Hij kan pessimistisch zijn en niet verder komen dan het kwellen over de onzekerheid van zijn keuzes, of hij kan zich realiseren dat, aangezien hij erdoor gevormd wordt, ze zijn enige hoop zijn. In die zin wordt het existentialisme "optimistisch [...] een doctrine van de actie" (p. 56).

SAMENHANGEND ATHEÏSME

Het uitgangspunt van het Sartreaanse existentialisme is het niet-bestaan van God; volgens Sartre "is het existentialisme niets anders dan een poging om alle consequenties te trekken uit een coherente atheïstische positie" (*ibid.*). Dit komt van Dostojevski's (Russische romanschrijver, 1821-1881) observatie dat "Als God niet zou bestaan, zou alles geoorloofd zijn" (p. 33). De verlating waarover Sartre sprak is de afwezigheid van God, en vooral de gevolgen van deze afwezigheid: er zijn geen vaste waarden van goddelijk recht meer, en de mens is dus hun enige bron. De waarden die hij kiest staan nergens ingeschreven en zijn nooit definitief, en niets dwingt de mensen meer om ze te respecteren. Hij alleen kiest zijn waarden omdat hij niet langer door God wordt gerechtvaardigd.

Verlating impliceert de contingentie – dat wil zeggen het vrije, onnodige karakter – van het menselijk bestaan. Angst, een begrip dat Sartre ontleent aan Kierkegaard, is een deur die leidt naar de ontdekking van deze contingentie, als we die voelen. In tegenstelling tot eenvoudige angst gaat angst altijd over jezelf, niet over iets externs: duizeligheid bijvoorbeeld is een soort angst. We zijn niet zozeer bang voor de lege ruimte als wel voor het feit dat we ons er gemakkelijk in kunnen storten, ondanks alle redenen die we kunnen bedenken om daarvan te weerhouden. We beseffen dat de houding waarmee we in leven kunnen blijven (door ons niet in de leegte te storten) contingent is (het kan gebeuren of niet).

Hetzelfde gebeurt bij elke keuze: angst is de angst voor mogelijkheden, voor wat we kunnen doen, voor onze vrijheid (want elke mogelijkheid is voorwaardelijk en, in een toestand van overgave, toelaatbaar) en voor onze verantwoordelijkheid wanneer we voor een keuze staan. Toch is angst geen belemmering voor actie; zij is onvermijdelijk omdat zij gepaard gaat met elk besef van verantwoordelijkheid.

Sartre beschouwt het atheïstisch existentialisme, de stroming waartoe hij behoort, als coherenter dan het Kierkegaardiaans en christelijk existentialisme, omdat het

elimineren van God de mens terugbrengt naar zijn contingentie: zolang God bestaat, kan de mens niet echt geloven
dat hij vrij is.

VERDERE REFLECTIE

ENKELE VRAGEN OM OVER NA TE DENKEN...

- Op welke manier kan kwade trouw tot een moreel oordeel leiden? Werk je idee uit aan de hand van voorbeelden.

- Leg uit in welk opzicht de existentialistische moraal een creatieve moraal is.

- Waarom beweert Sartre volgens u dat de cultus van de mensheid "eindigt in [...] het fascisme" (p. 55)?

- Hoe kan existentialistisch relativisme volgens u gevaarlijk zijn?

- Leg uit hoe de termen "verlatenheid", "angst" en "wanhoop" zowel een positief als een negatief aspect kunnen hebben.

- Wat vindt u van Sartres ideeën over popularisering en engagement?

- Vergelijk Husserl's definitie van bewustzijn met Sartre's visie op de mens.

- Verklaar deze beroemde zin: "bestaan gaat vooraf aan essentie" (p. 28). Camus is ook een existentialistisch denker. Vergelijk zijn denken met dat van Sartre.

- Wat was de politieke context van deze tekst toen hij werd gepubliceerd? Leg uit.

VERDER LEZEN

REFERENTIE-UITGAVE

Sartre, J.P. (1948) *Het existentialisme is een humanisme*. Trans? Mairet, P. Londen: Meuthen & Co. Ltd.

REFERENTIESTUDIE

Flood, A. (2015) Jean-Paul Sartre wees Nobelprijs af in een te laat aangekomen brief aan jury. *The Guardian.* [Accessed 9 maart 2017]. Beschikbaar via: <https://www.theguardian.com/books/2015/jan/05/sartre-nobel-prize-literature-letter-swedish-academy>

*We horen graag van jou! Laat
een reactie achter op jouw online bibliotheek
en deel je favoriete boeken op social media!*

De uitgever garandeert de betrouwbaarheid van de gepubliceerde informatie, die echter niet onder zijn verantwoordelijkheid valt.

www.50minutes.com

Master ISBN: 9782808687737
Papier ISBN: 9782808699136
Wettelijk depot: D/2023/12603/1193

Omslag: © Primento

Digitaal ontwerp: Primento, de digitale partner van uitgevers.